ÉCOLE CENTRALE ET SPÉCIALE D'ARCHITECTURE

INTRODUCTION

AU

COURS

D'HISTOIRE COMPARÉE

DE L'ARCHITECTURE

PAR

ÉMILE BOUTMY

PROFESSEUR A L'ÉCOLE CENTRALE ET SPÉCIALE D'ARCHITECTURE

Prix : 1 franc

PARIS

A. MOREL, LIBRAIRE-ÉDITEUR

13, RUE BONAPARTE

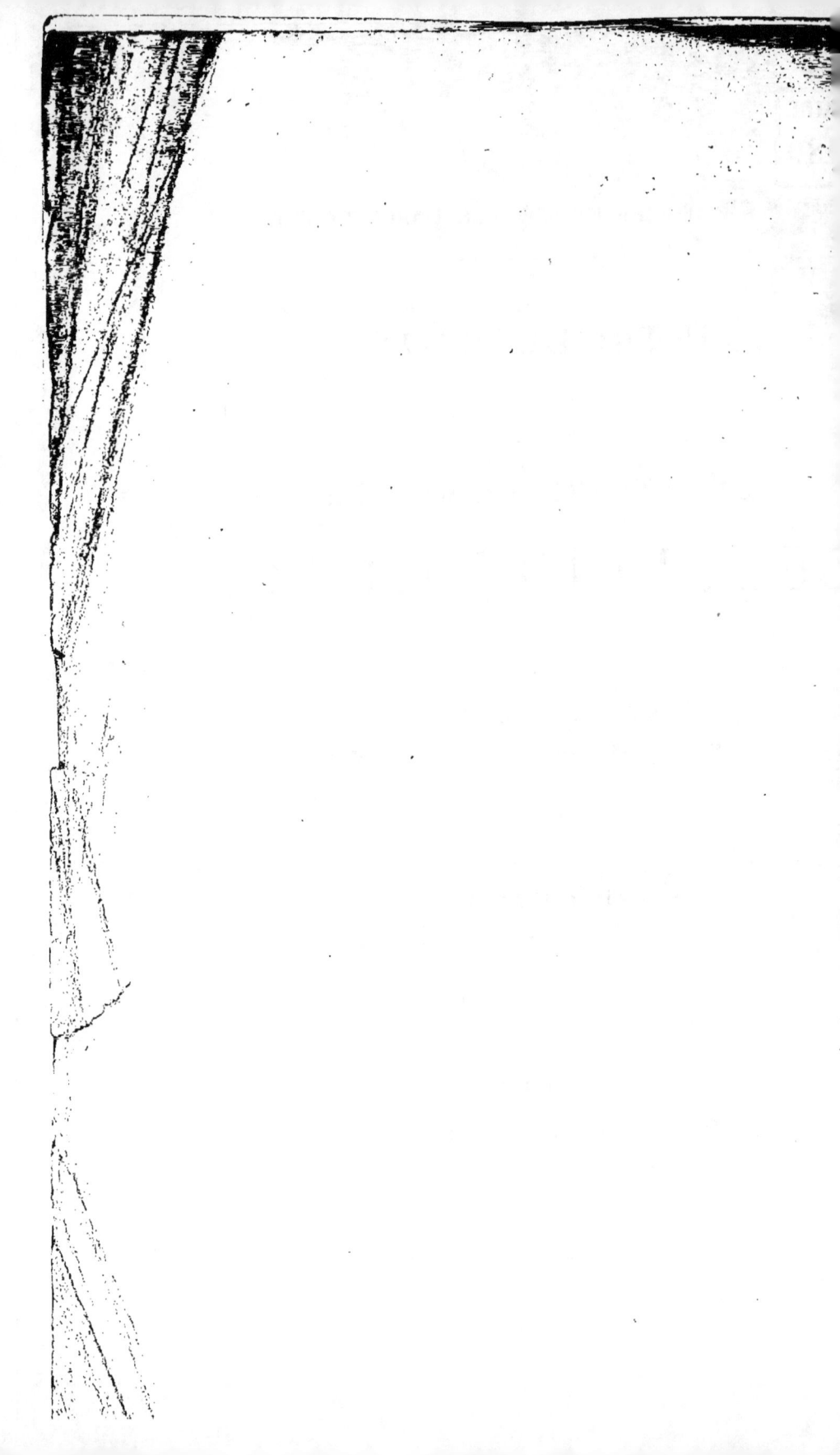

ÉCOLE
CENTRALE ET SPÉCIALE
D'ARCHITECTURE

Imprimerie L. TOINON et Ce, à Saint-Germain.

ÉCOLE CENTRALE ET SPÉCIALE D'ARCHITECTURE

INTRODUCTION
AU
COURS
D'HISTOIRE COMPAREE
DE L'ARCHITECTURE

PAR

ÉMILE BOUTMY

PROFESSEUR A L'ÉCOLE CENTRALE ET SPÉCIALE D'ARCHITECTURE

PARIS

A. MOREL, LIBRAIRE-ÉDITEUR

13, RUE BONAPARTE

Cette Introduction *est la première leçon du Cours d*'histoire comparée *que j'ai ouvert, il y a près de deux ans, à l'*École centrale et spéciale d'Architecture. *Prononcée le 4 janvier* 1869, *cette leçon a été imprimée seulement au commencement de* 1869, *à l'occasion du volume où l'École réunit, sous le titre de* « l'Amphithéâtre », *les exposés généraux de ses divers enseignements. Le conseil de quelques amis, pour qui j'avais fait faire un tirage spécial, m'a décidé à détacher cette esquisse et à l'offrir* *au public. Ce n'est, en effet, qu'une esquisse, et j'imagine pourtant que mon insuffisance a dû laisser bien des lacunes graves dans ce programme sommaire d'un immense sujet. Tel qu'il est, on m'a fait l'honneur de croire qu'il suffisait pour démontrer la haute valeur d'un enseignement, dont la pensée originelle et la première mise en pratique appartiennent à l'École centrale et spéciale d'Architecture.*

E. BOUTMY.

CHAIRE D'HISTOIRE COMPARÉE

DE L'ARCHITECTURE

OUVERTE LE 4 JANVIER 1868

M. Émile BOUTMY, professeur

Messieurs,

Je suis touché de la sympathie que vous me témoignez. La mienne vous est acquise depuis longtemps : car vous représentez une École qui m'est chère à plus d'un titre. Vous avez été les premiers à l'accueillir ; vous lui avez donné son premier printemps : vous lui préparez cette année sa première moisson.

Quand nous nous sommes rencontrés, vous commenciez à peine vos études; vous étiez dans la période de la foi aisée et des vastes espérances. Je ne sais quel Père de l'Église rencontra un jour, sur le bord de la mer, un enfant qui remplissait d'eau salée une mince crevasse ; en l'interrogeant, il vit ce que l'enfant voulait faire : il voulait mettre toute la mer dans ce petit trou, cuillerée par cuillerée. Tel est l'homme jusqu'à vingt ans ; il croit qu'il y a une clef très-simple pour tous les problèmes, qu'une définition de deux lignes résume un siècle, que quelques principes contiennent l'art tout entier. Vous aviez, comme les autres, ces belles ardeurs présomptueuses et ces douces illusions. Aussi vous ai-je fait un cours [1] hardi et jeune. Je n'ai point voulu appesantir par un travail de fourmi vos ailes d'abeille. Je me suis contenté d'une large et rapide esquisse. De la hauteur où de longues études m'avaient amené, je vous ai montré les profondes échappées, les vastes points de vue, sans vous laisser descendre vers les détails de la plaine. Au lieu de poursuivre dans le labyrinthe des sentiers les idées générales, nous les avons pour ainsi dire chassées au faucon et ramenées à nous, sans quitter notre plate-forme dominante, sans perdre un instant la vue des ensembles.

1. Le cours d'histoire des civilisations.

Aujourd'hui, Messieurs, le travail vous a mûris ; en cherchant les solutions qui vous étaient demandées, vous avez reconnu que le problème d'art est plus complexe qu'il ne vous semblait d'abord ; vous avez senti le prix des nuances, l'importance d'un trait bien choisi, la valeur de chaque note dans l'accord total. Vous savez qu'une œuvre digne d'attention ne se juge pas plus d'un coup d'œil, qu'elle ne s'écrit d'un trait de plume. Je dois donc m'attendre à trouver en vous le goût de pénétrer plus avant dans le détail des grandes œuvres humaines, de considérer de plus près leurs caractères, de définir plus strictement leurs causes, de mieux comprendre les artifices délicats qui assurent l'effet de l'ensemble et de chaque forme. Aussi est-ce avec un juste sentiment de l'ordre dans lequel un jeune esprit se développe, que le programme a placé, à la suite de mon enseignement très-général et très-sommaire de l'an dernier, un cours plus précis, plus riche en faits particuliers, celui que j'aborde aujourd'hui devant vous. L'histoire des civilisations était destinée à remuer les idées ; l'histoire comparée de l'architecture se propose de les fixer. L'une était la préface avec la table des têtes de chapitre ; l'autre sera le livre suivi des pièces justificatives.

Avant d'aborder la matière même du cours, il importe d'éclairer trois points qui dominent la route et suffisent pour en déterminer la direction. J'essaierai de définir successivement devant vous l'esprit, le plan, la méthode de l'enseignement qui va suivre.

I

Deux points de vue très-différents peuvent diriger le penseur dans une étude comparée des architectures. L'un est le point de vue du *théoricien dogmatique*, qui a été si fort en honneur au XVIIe siècle, et dont la prépondérance a duré même après 1800. L'autre est le point de vue *de l'historien critique*, né avec le siècle de l'immense développement qu'a pris l'étude du passé, et de la méthode que le spectacle, l'analyse et la classification de ces vastes ensembles ont laissée dans l'esprit. Je voudrais vous montrer ces deux procédés en action dans l'étude de l'art monumental. Peut-être serai-je amené, dans chaque définition, à forcer un peu le trait, en ce sens que le pur théoricien [1] ou le pur critique, tels que je les conçois, n'ont jamais existé. La réalité ne comporte point de ces types absolus. Mais en vous montrant ainsi la forme extrême des deux tendances, je vous ferai mieux comprendre le sens et la valeur de chacune d'elles. Pour moi, je n'hésite pas à dire

---

1. Il importe de prévenir ici une confusion d'idées. Nous n'entendons pas médire de la théorie dans un sens général. Nous sommes, nous aussi, des *théoriciens* à notre manière, et c'est un reproche auquel nous n'échapperons pas, de la part des gens qui se vantent d'être *pratiques*. Sous ce nom de *théoricien*, même lorsque nous l'employons seul, c'est l'esprit et la méthode *dogmatique* que nous prétendons attaquer; et nous sommes ainsi d'autant plus libres de faire sa place à un autre genre de théorie, qui est, celle-là, saine et féconde, la *théorie critique*. En blâmant le point de vue qui règne encore aujourd'hui dans les régions académiques, nous restons donc d'accord avec la pensée qui a fait inscrire, au sommet de l'enseignement de notre école, un cours de théorie de l'architecture, dont le présent cours n'est que le complément et la contre-épreuve historique. (E. B.)

que le point de vue critique, pourvu qu'on n'en abuse pas (et la façon d'en abuser est de le pousser jusqu'à un étroit et stérile scepticisme), est à la fois large, fécond et sûr. — Inintelligence des choses historiques, sécheresse, penchant à l'imitation banale, voilà au contraire les conséquences les plus naturelles du point de vue dogmatique.

II

Le premier caractère de ce point de vue, est d'envisager l'histoire de l'architecture comme entièrement isolée de l'histoire morale, politique, religieuse, littéraire, des différents peuples. Le théoricien dogmatique se borne à vous exposer les types, les procédés, les formes de tous les styles successifs, sans vous dire un mot des besoins sociaux, des idées, des passions auxquelles ces choses répondent. Il vous décrira par exemple toutes les parties d'un temple égyptien, d'un tope bouddhiste, d'un amphithéâtre romain ; il vous en montrera le plan, l'arrangement, la décoration. Mais d'où viennent ces trois types monumentaux ? Pourquoi ont-ils paru à un certain moment de l'histoire, au sein d'une certaine race ? Cette disposition si singulière, quelles sont les habitudes sociales qui l'ont réclamée ? Quel est le tour d'imagination qui a choisi, goûté, propagé ce genre d'ornements ? Cette imagination même, vaguement pressentie d'après le groupe monumental, ne peut-elle être pénétrée plus à fond, définie avec plus de justesse d'après les autres créations du même génie, par exemple d'après la religion, la poésie contemporaines ? Tous ces problèmes, tous ces indices qui aident à les résoudre, le théoricien les ignore, il veut les ignorer. Cet édifice qu'il prétend vous expliquer, il commence par y faire le vide ; il fait écouler, pour ainsi dire, cette foule dont les besoins ont élevé le monument, dont les passions s'y sont retrouvées comme dans une image fidèle dont elles restent le profond et saisissant commentaire ; il n'y laisse que des pierres, du marbre, des figures, les œuvres du compas et de l'équerre ; il n'y veut d'autre âme que la géométrie.

Un autre point de vue dirige le critique. A ses yeux, toute œuvre d'art, fût-ce une strophe lyrique, est une œuvre collective, puisqu'elle cherche, pressent, obtient la sympathie. Et combien cela est plus vrai encore d'un monument élevé sous les yeux de tout un peuple, pour un service public et positif? Ici l'artiste ne peut pas être un initiateur, un éclaireur perdu en avant de la foule, comme le poëte ou le peintre le sont quelquefois. Ceux-ci peuvent s'enfuir loin du monde, peupler les solitudes de leurs rêves, protester contre les mœurs de leur temps. L'architecte, lui, ne saurait s'écarter de ce peuple qui lui dicte ses programmes, il est forcé de le prendre au sérieux; l'ironie, la satire, la misanthropie, le caprice, sources fécondes ailleurs, tarissent sur son domaine ; sa fantaisie subit deux servitudes qui l'attachent à son siècle, le retiennent dans son milieu social : le besoin actuel qu'il est chargé de satisfaire, et le grand jour théâtral qui éclaire son œuvre. Aussi n'est-il jamais seul au travail; il sent derrière lui toute une multitude d'hommes qui regardent par-dessus son épaule, le pressent de leurs questions, veulent savoir si leurs goûts seront satisfaits, leurs habitudes respectées, leurs idées traduites. Que de fois un ordre, une objection de ce collaborateur invisible a fait dévier le crayon ? Il n'y a point de monument qui ne porte cette empreinte de la main du maître, la trace du puissant coup d'ongle populaire que l'artiste n'a fait que repasser au noir. C'est cette précieuse esquisse qu'il faut retrouver, pour comprendre une architecture historique. Que peuvent ici quelques indications spéciales, des renseignements professionnels, une explication purement technique du monument; ils ne réussissent qu'à encourager, à rendre spécieux par un certain appareil les contre-sens les plus décidés. Ce qu'il importe avant tout de connaître, pour pénétrer un grand style, c'est l'âme même du peuple et du siècle qui l'ont suggéré, goûté, propagé. Cette âme s'est peinte dans la religion, dans la philosophie, dans la littérature, dans la politique, dans la vie de société. Voilà le cercle qu'il faut parcourir avant de considérer le monument lui-même. Il faut interroger les mœurs sur le programme imposé à l'architecte, la philosophie sur sa méthode, la littérature sur sa manière de sentir, la religion sur la nature de son plus haut idéal. Quand on aborde avec toutes ces lumières, l'architecture qu'on a étudiée d'abord avec de simples notions techniques, on croit voir au soleil l'objet qu'on palpait à tâtons dans les ténèbres. C'est comme une séve puissante qui, de tous ces alentours, pénètre, ranime, colore le cadavre monumental. La classification du théoricien était un herbier de formes inanimées, séparées de leurs racines et privées de leur séve natale. Le tableau du critique vous montre la plante en pleine terre, à l'endroit de sa station naturelle, à portée de tous les sucs dont elle s'est nourrie, au milieu de toutes les autres efflorescences qui sont nées du même terrain, sous la même lumière, et qui ont reçu de ces influences générales une physionomie commune. Que de traits architectoniques atténués, incertains, avortés, revivent et prennent un sens par la comparaison avec ces exemplaires fraternels !

III

Un autre caractère du point de vue dogmatique, c'est qu'il est en même temps *statique*. J'entends par là qu'aux yeux du théoricien, il n'y a de beauté que dans un seul style dont les formes sont étroitement définies et fixées. Rien de plus naturel; pour qui a négligé de considérer la race, le milieu, le moment, c'est-à-dire les éléments variables de l'histoire, la beauté ne saurait avoir d'autre fond que l'homme en général, et il n'y a pas de raison pour qu'elle change d'un siècle ou d'une nation à l'autre. Si les Grecs ont une fois trouvé l'idéal architectonique, ils l'ont trouvé pour jamais; et, jusqu'à la dernière postérité, le grand art consistera à les copier fidèlement. Sans doute le climat, les mœurs, les nécessités de chaque époque ont demandé, demanderont encore quel-

ques altérations du type consacré. Mais l'artiste
ne se soumet qu'à contre-cœur à ces servitudes locales ; il appelle *concessions, sacrifices*,
ces variantes à la leçon traditionnelle. Que le
ciel soit italien ou anglais, les mœurs héroïques
ou raffinées, la société familière ou solennelle,
qu'il s'agisse d'un palais ou d'un hôpital, d'une
église ou d'un ministère, une façade latino-
grecque avec ses trois ordonnances est invaria-
blement la forme la mieux appropriée ; tandis
que la plus sobre élévation ogivale sera toujours
laide et déplacée. C'est avec ces idées grosses
d'intolérance que le théoricien se met à parcourir l'histoire. Semblable à un magistrat du goût,
grave, intègre, attaché à la lettre d'une loi qu'il
ne laisse pas discuter, il fait en jugeant le tour
des siècles. Plein de foi dans ses arrêts sommaires, il croit avoir expliqué les différents styles, parce qu'il les a loués et condamnés du haut
de son goût particulier de Français, d'homme
moderne, d'académicien. Il n'a pas l'air de se
douter que chaque époque a ses habitudes,
chaque peuple ses préjugés, qu'il faut quelque
effort pour se dégager et se remettre au point de

vue de l'âge créateur, que ce point de vue seul peut révéler le sens et la valeur d'un type monumental. On le surprendrait fort si on lui disait que ces puissants témoins de la vie de tout un peuple ne peuvent pas tenir dans son étroit prétoire, et qu'ils ne daignent se découvrir qu'à la curiosité patiente, au respect sympathique d'une intelligence qui a su sortir de son temps.

Un esprit tout autre anime la critique. A ses yeux la beauté n'est pas une, ou du moins elle ne réside pas immuablement dans un type unique, une fois déterminé. Elle peut appartenir à un grand nombre de types divers, à la condition qu'ils soient dans une harmonie parfaite avec les exigences les plus pressantes, les idées les plus hautes, les passions les plus générales et les plus ressenties du temps où ils ont fleuri. A proprement parler c'est cette harmonie des formes avec un fond sympathique qui est la beauté suprême, et non l'accord purement sensuel des formes entre elles ; et si les premiers termes du rapport, c'est-à-dire le climat, les mœurs, les croyances, viennent à changer, il faut que le second terme, qui est le style, change dans la même mesure et dans le même sens. Par exemple, autant l'historien admirera le Parthénon dans cet air sec qui respecte le grain de ses marbres, devant ce ciel pur qui marque d'un trait de force ses lignes fermes et décidées; autant il souffrira de voir la façade corinthienne du British Muséum amollir dans la brume l'angle de son fronton, et offrir asile, entre ses cannelures, à la suie qui flotte dans l'atmosphère de Londres. C'est qu'en effet, les formes les plus agréables aux yeux ne restent agréables et ne deviennent belles, qu'au sein d'un milieu harmonique. L'historien admettra donc aisément que l'idéal ne soit pas immuable, et varie avec les lieux; il ne trouvera pas moins naturel que l'idéal ne soit pas unique, et se multiplie avec les idées. Si à chaque siècle le genre humain découvre quelques nobles conceptions, ressent quelques besoins élevés de plus, pourquoi le vain culte d'un certain passé nous rendrait-il insensibles aux formes nouvelles que ces grandes choses ont fait surgir et animées de leur souffle? L'historien ne s'arrêtera donc pas au dédain superficiel que donne à première vue l'absence des beautés consacrées. Une étude patiente et pénétrante, un goût plus souple, le sentiment des temps, lui donneront la clef des beautés plus intimes, lui révéleront les secrets vivants de l'art à chaque époque. Après avoir admiré le Rhamesseion de Thèbes, l'Erechteion d'Athènes, les thermes de Caracalla, il saura goûter dans un collége d'Oxford la profonde impression que donnent ces cloîtres abrités contre les bruits du dehors, avec leurs galeries basses ouvertes à la promenade et à la discussion studieuse; il sentira le charme de ces grandes salles, de ces hauts réfectoires où tombe de haut un jour tranquille; il aimera ces pierres grisonnantes et comme pénétrées de brume, qui n'attirent pas au dehors l'esprit du penseur, et le laissent se retourner vers la flamme intérieure; et dans toutes ces dispositions intimes, dans tous ces accompagnements discrets de l'étude patiente et recueillie, jusque dans ces puissants envahissements du lierre qui étale sa verdure vigoureuse et débordante sur les vieilles murailles, autour de ses vieux troncs séculaires, il retrouvera l'image de cette jeune pensée anglaise, si énergique, si concentrée, pleine d'une sève fraîche qu'elle va puiser toutefois aux sources respectées de la tradition... Je m'égare, je le sais, car le lierre, les teintes grisonnantes sont l'œuvre des siècles, non de l'artiste, et de telles émotions appartiennent à la poésie plus qu'à la critique. Mais précisément, il faut que le critique soit capable d'être poëte; il faut qu'on rencontre chez lui l'excès naturel, le trop plein nécessaire d'une chose précieuse et légitime, de cette vaste et pénétrante sympathie qui préserve l'historien des jugements sommaires, des partis pris aveuglants. Le point de vue qui le dirige peut se résumer brièvement. Partout où un besoin élevé ou délicat, une idée puissante ou fine aura trouvé son expression dans une forme sensible, l'historien reconnaîtra le beau et le goûtera franchement, sans se préoccuper des types antérieurs; il se convaincra de plus en plus que c'est la supériorité du fonds spirituel de chaque époque qui engendre la *beauté*, que c'est dans l'accord de la forme avec ce fonds que réside le *style*, et que ni beauté ni style ne sont jamais sortis que par hasard de l'imitation servile des modèles anciens.

IV

Du point de vue dogmatique et du point de vue critique résultent des directions très-différentes imprimées à l'étude des monuments, et des conclusions pratiques entièrement opposées.

Les conditions les plus élevées de chaque grand programme ne se découvrent que par l'étude du milieu social; elles restent ignorées du théoricien. Renfermé dans le monde des formes sensibles, il ne voit dans l'édifice qu'un agencement de surfaces ornées; il observe la grâce d'un certain contour, le bel effet de certaines proportions, l'harmonie de deux figures rapprochées. Il ne cherche rien de plus dans l'architecture dite *classique*; mais ici il ne se contente pas d'enrichir ses souvenirs, d'augmenter son musée de formes qu'il imite librement ; il érige en précédents, puis en principes, puis en règles, les associations de lignes, les rapports de grandeurs, les modes de décoration qu'il emprunte à ces grands modèles; il fait un système de ces caractères superficiels; bien plus, il entend que cette législation, qui est son œuvre, remonte jusqu'aux anciens ; il explique, son code à la main, la beauté de leurs édifices. Assurément, la plupart de ces règles surprendraient fort les auteurs des monuments où on les a puisées ; ils se défendraient d'avoir mis l'art en articles ; ils diraient que dans tous les cas les ordres et les proportions modulaires ne contiennent pas plus les grands et féconds secrets de l'architecture, que les trois unités ne résument le véritable esprit du drame grec. Mais qu'importe au théoricien ? Il ignore le grand procédé de génération qui fait sortir les formes du programme lui-même; il ne connaît que dimensions, profils, ordonnances. Lui demandez-vous des bâtiments pour un ministère ?

Il décrète, avec le parlement anglais, qu'ils seront construits en style de Palladio. Voyez ce qu'il rapporte de l'Athènes de Périclès et de la Rome d'Auguste; il vous apprendra que telle forme appelle telle autre forme, que ce rez-de-chaussée veut un premier étage d'une certaine ordonnance, que cette ordonnance commande les dimensions de l'étage, que ces dimensions, en donnant la hauteur de la colonne, donnent son diamètre, que ce chapiteau implique une architrave unie ou à faces, une frise continue ou divisée... Que ces prescriptions soient d'une justesse générale, je le veux bien. Le mal est qu'elles seront présentées comme résumant l'art tout entier. Au milieu de ces proportions consacrées, de ces harmonies officielles, de ces nécessités qui de proche en proche construisent elles-mêmes le monument autour d'une première forme donnée, l'artiste peut croire qu'il n'a plus rien à chercher, à créer par ses propres forces. Un barême, un formulaire, lui tient lieu de génie.

Savez-vous, Messieurs, quel effet me font ces règles qu'on impose ainsi à l'architecte.

A mes yeux elles ne donnent pas plus les secrets de la beauté, que les règles de la grammaire ne donnent les secrets de l'art d'écrire. On arrive par là à une certaine correction classique et traditionnelle ; mais l'éclat, la puissance, l'efficacité se puisent ailleurs. Croyez-vous que vous aurez beaucoup fait quand vous aurez reproduit les grandes lignes d'un idéal emprunté au passé? Et les idées, les besoins, les passions qui ont paru depuis dans le monde, toute cette partie nouvelle, si vivante et si exigeante de l'âme humaine, dédaignerez-vous de l'exprimer, de lui faire sa langue, ou la forcerez-vous de parler une langue étrangère? D'ailleurs, quand on imite même les Bossuet et les Pascal d'un siècle éteint, on a bien plus de chances de cesser d'être de son temps que de devenir du leur. Qu'on retaille son imagination et son esprit pour les faire entrer dans ces vieux cadres, ou qu'on tourmente péniblement ces moyens incomplets pour les étendre à tout le cercle des nécessités modernes, on fait un travail également infructueux, et tout cet effort ne sert qu'à vous faire perdre de vue les deux conditions essentielles du vrai style, qui sont « d'avoir quelque chose de personnel et de senti à dire, et de le dire simplement et virilement [1]. »

L'historien n'entend pas nier la haute valeur de la théorie; mais celle qu'il poursuit et prépare ne se compose point de règles étroites, d'associations consacrées de formes, de précédents éternellement proposés à l'imitation. Ce qu'il cherche à pénétrer dans chaque groupe monumental, c'est l'art délicat, la logique profonde, qui, du programme rédigé par les mœurs et les idées de l'époque, ont déduit toute la série des formes originales. Il étudie moins les créations que le procédé créateur. Sans doute, il reconnaît l'empire de la tradition, le charme du « déjà vu »; en l'absence de toute indication impérative du sujet proposé à l'architecte, il admettra une imitation, un emprunt au passé; il sera d'avis qu'on ne mélange pas les styles historiques, qu'on leur laisse cette unité de ton qui est comme la pureté d'un dialecte. Mais sans contester ces préceptes utiles, sans

---

[1] Edmond Scherer.

dédaigner les études qui permettent de les appliquer, il entend chercher ailleurs les éléments de la grande beauté. Plein du sentiment d'une diversité qu'il a pénétrée jusque dans ses causes, il n'a point l'idée d'enchaîner l'artiste dans les termes étroits d'un dogme, dans la lettre d'un règlement. Il appelle l'attention non sur la solution qui est éphémère, mais sur les moyens de solution qui sont de tous les temps ; il ne donne point de règles, mais en quelque sorte une *méthode* pour faire soi-même ses règles. Ce qu'il s'attache à retrouver dans chaque style monumental, ce ne sont point tant des images ou des modèles immobiles, que l'esprit même de l'artiste en mouvement et en action. Ce qu'il propose à l'imitation, ce ne sont pas des formes déterminées, des rapports fixes, c'est cette dialectique libre qui a fait sortir des données du programme les grands partis du plan et de la décoration, et de ceux-ci a déduit les partis secondaires. Le théoricien avait la prétention de faire rentrer le style dans la correction, de confondre le génie de la langue et le génie de l'écrivain ; l'historien façonne, exerce, aiguise par de beaux exemples, en les maintenant dégagées de toute règle étroite et dans la pleine conscience de leur rôle supérieur, les facultés qui moulent l'aspect extérieur de l'œuvre d'art sur les grandes lignes du sujet, tel que le dictent les mœurs, les idées, les passions contemporaines.

J'ai fait un théoricien et un critique à plaisir; mais qu'importe si j'ai mis par là en pleine lumière le point de vue qui nous guidera dans nos recherches? Ne rien isoler, considérer chaque groupe monumental au sein de l'ensemble naturel dont il fait partie, transposer son imagination et sa sensibilité dans le ton des époques qu'on aborde successivement, se dégager de cette sorte de provincialisme qu'on appelle le goût académique, le mêler et le perdre dans les grands courants de la tolérance et de la sympathie universelles, puiser à cette source cette souplesse pénétrante qui dépasse les surfaces et s'insinue jusque dans les profondeurs, expliquer plutôt que juger, tâcher de comprendre afin de mieux sentir, demander à chaque style non des formules algébriques qui résolvent aveuglément le problème, mais une direction générale qui puisse fléchir selon les nuances de chaque question, franchir la règle littérale et éphémère pour atteindre la méthode qui est de tous les temps. — Voilà l'esprit qui doit animer l'historien critique et que nous essaierons de faire nôtre dans toute la suite de cet enseignement.

V

L'esprit du cours rattache l'histoire comparée de l'architecture à l'histoire générale de l'esprit humain ; ce caractère suffit pour indiquer le plan que nous suivrons dans la distribution de notre vaste matière. Nous adopterons simplement les divisions consacrées de la géographie, de l'ethnologie, de l'histoire. Divisions de lieu : Asie, Europe, nouveau monde, Midi, Nord. Divisions de race ; Aryens et Sémites, Latins et Germains, Hindous, Assyriens, Egyptiens, Grecs etc..... Divisions de temps : siècle de Périclès, siècle d'Alexandre, moyen âge, Renaissance. Vous trouverez précisément en ce point une confirmation remarquable de l'unité organique de chaque civilisation, de la marche d'ensemble de tous ses éléments. Car ces divisions, fondées sur la distinction des races, des climats, des degrés de développement intellectuel, c'est-à-dire sur des circonstances en apparence étrangères à l'architecture, coïncident exactement avec les divisions que suggère l'étude de l'architecture elle-même. Chacune correspond à un style distinct, à une forme d'art définie.

Aucune classification ne répond à tous les besoins de l'esprit, à toutes les nécessités d'un sujet. Il peut arriver que l'évolution d'un style ou d'une forme spéciale dépasse les frontières d'une race ou les limites d'une époque : quand cette évolution est importante, il y a quelque intérêt à ne pas la scinder, et à la suivre en planant sur les divisions historiques et ethnologiques. C'est ce que nous ferons par exemple pour les ordres grecs. Sans renoncer à notre plan général et après avoir étudié successivement cette forme confondue dans chacun de ces ensembles qu'on appelle l'art grec, l'art romain, l'art de la Renaissance, nous trouverons quelque fruit à la reprendre isolément, et à la considérer dans la continuité de son développement et de son déclin.

Nous appartenons à la race aryenne; son génie est le nôtre. De tout temps, elle a été pour l'humanité le siége des développements suivis, des évolutions qui naissent l'une de l'autre. A la race sémitique appartiennent ces mouvements soudains, ces créations discontinues auxquelles succède un repos stérile et conservateur. Celle-ci représente l'inspiration, et l'autre le progrès. A tous ces titres, c'est la famille aryenne qui doit rester pour nous le centre d'une histoire méthodique; presque tous les arts des autres races pourront se grouper alentour, sous le nom d'antécédents ou de conséquents, avec le rôle d'éducateurs ou de disciples. C'est ainsi que, dans les temps anciens, l'art grec tiendra la place éminente, parmi les arts de l'Egypte, de la Phénicie, de l'Assyrie, qui l'ont préparé, à côté des arts de la

Perse, de l'Asie Mineure et de l'Etrurie, rameaux nés de la même tige et nourris d'une sève moins pure. Ici encore, vous le voyez, nous respecterons l'unité des ensembles. Nous suivrons l'art grec dans toutes ses étapes : à la période Homérique ou Orientale, nous verrons succéder l'originalité féconde de la période Athénienne. Préparée par la période Alexandrine, Rome continuera la Grèce dont elle est l'élève ; l'ingénieur recueillera les enseignements de l'artiste. Nous suivrons dans ce lit nouveau le courant des traditions helléniques. A l'heure de la décadence nous verrons ce courant se diviser : en Occident, il prendra vers l'art Roman la pente qui l'a mené jusqu'à l'art Gothique ; en Orient, il frayera la voie par le Byzantin à cette grande effusion de l'art Arabe qui a couvert depuis les rives du Gange jusqu'au détroit de Gadès. L'art Arabe ne s'est développé qu'en étendue ; il n'a eu ni rejetons, ni successeurs. C'est l'art Gothique qui marquera le centre de notre seconde période. Nous l'étudierons dans ses semences et dans ses premières feuilles, au XIe et au XIIe siècle ; nous l'admirerons en pleine fleur au xiiie siècle ; au xive siècle nous le verrons s'épanouir comme une riche fleur double qui épuise ses racines; dans les splendeurs de ce déclin, nous saisirons les changements de forme qui préparent l'architecture nouvelle.

La Renaissance sera l'âme de la troisième période. Les arts des quatre derniers siècles ne sont que les variantes d'un même style néo-latin. C'est surtout en France que ce style a eu son développement complet, régulier, puissant. Nous l'y suivrons dans sa période romantique avec le Primatice, Giocundo, Pierre Jain, Colyn Byart, Pierre Gadier, Trinqueau; dans sa période classique avec Philibert Delorme, Bullant, Pierre Lescot; dans sa période académique avec Mansart et ses successeurs. Cette évolution nous amènera jusqu'à notre temps. Mais le présent ne comporte qu'une chronique ou des annales : il n'y a d'histoire que du passé qu'on regarde à distance et qu'on enserre d'un coup d'œil. Historiens, un sentiment de réserve nous arrêtera au seuil du xixe siècle.

Notre tâche toutefois ne sera point achevée. A côté de cette filiation régulière, où chaque plante naît d'un germe ou d'une greffe empruntée à une floraison antérieure, il y a quelques générations spontanées. Certaines architectures *excentriques*, c'est-à-dire placées en dehors du grand courant dont nous sommes un flot, méritent d'être signalées et étudiées. C'est l'Inde primitive, touranienne de fond, dans les trois grandes périodes qui précèdent l'invasion musulmane (*brahmanique, bouddhiste, néobrahmanique*). Même après cette infusion de style arabe, le génie hindou reste fécond et renouvelle l'art indigène. Quoique très-éloignés et très-différents des nôtres, les quatre styles bouddhiste, hindou du Nord, hindou du Midi, djaïnique, contiennent sans aucun doute des leçons d'un vif intérêt. L'Indo-Chine et la Chine, le Mexique et le Pérou offrent également un certain nombre de types originaux. Ces arts, quelques-uns d'un jet puissant ou d'une singulière ténacité, mais tous sans lien avec nos traditions, en désaccord avec notre manière de sentir, sont plutôt un objet de curiosité, que la matière propre d'un enseignement qui ne veut point cesser d'être *pratique*. Nous les rejetterons dans un appendice, à la suite et comme complément de l'histoire principale.

VI

Cet exposé, Messieurs, vous indique la distribution de la matière entre les différentes leçons; il ne vous apprend rien encore sur l'économie intérieure de chaque leçon. Le plan, c'est-à-dire l'ordre des sujets, est fixé ; mais la méthode, c'est-à-dire l'ordre des questions par lesquelles nous aborderons chaque sujet, est restée incertaine. C'est le dernier point que nous avons à éclaircir.

Définir les *effets* qui frappent nos yeux dans un monument, remonter jusqu'aux *causes* qui en ont déterminé le caractère, pénétrer jusqu'aux *moyens* qui ont servi à les produire, voilà les trois objets que l'on peut se proposer dans l'étude d'une architecture. Ce seront les trois étapes de notre itinéraire. Descendant des hauteurs de l'histoire des civilisations, nous rencontrerons d'abord les *causes ;* en nous acheminant pas à pas vers le monument, nous étudierons les dehors, nous interrogerons la nature et les hommes ; nous noterons les circonstances qui ont formé le goût de l'artiste, les besoins ou les passions qui ont rédigé ses programmes, les moyens dont il disposait, les ressources qui lui ont manqué, en un mot toutes les influences qui lui ont guidé, retenu ou forcé la main. Chacune de ces influences nous expliquera un des caractères de l'architecture ; toutes nous ramèneront par leurs conséquences, à l'édifice typique où elles se peignent dans un trait spécial. Maîtres des alentours, nous pourrons embrasser dans son unité le résultat de ces origines multiples. Les démarches curieuses de l'historien philosophe auront fait leur œuvre ; nous délierons les facultés de l'homme sensible et du critique. Seuls en face du monument, c'est notre impression même que nous interrogerons sur les effets que l'artiste a cherchés et trouvés ; comme un connaisseur qui savoure lentement un vin généreux, afin d'en définir le bouquet et de distinguer les aromes spéciaux qui en composent la saveur, nous nous recueillerons dans notre jouissance même; nous essayerons de la pénétrer jusque dans ses nuances les plus délicates. En dernier lieu, des vues plus positives nous feront chercher les *moyens* par lesquels l'artiste a atteint son but; une analyse soigneuse nous révélera les éléments qu'il a rassemblés, dans quel ordre il les a groupés, par quels compromis discrets, par quelles alliances fécondes, il a produit un effet puissant et juste. Nous aurons ainsi parcouru le cercle entier dont les *beautés* monumentales forment le centre, entre les *causes* qui expliquent leur génération extérieure et générale, et les *moyens* qui expliquent leur génération technique et pratique. Tel est, Messieurs, l'ensemble de notre méthode. Il me reste à l'éclaircir par une exposition plus précise des questions qu'elle embrasse, à la justifier par quelques exemples des solutions qu'elle comporte.

VII

Un voyageur s'achemine vers un monument célèbre, vers le Parthénon ; tout en marchant, il observe la pureté du ciel, la sécheresse de l'air, la vivacité de la lumière, l'énergie et la transparence des ombres. Un détour lui découvre la paroi taillée d'une montagne, c'est la carrière du Pentélique ; des ouvriers s'empressent, des machines grincent autour des blocs de marbre glissant sur un plan incliné ; le sucre raffiné peut seul donner une idée de cette blancheur étoilée, étincelante. Le voyageur se souvient que c'est de blocs semblables qu'a été construit le temple de Minerve... Ces premières impressions, Messieurs, répondent à un premier ordre de causes, celui des causes physiques et matérielles. L'artiste y rencontre des nécessités qu'il subit, des facilités qui le ten-

tent, des moyens qui laissent leur empreinte sur les résultats.

La plus considérable de ces causes est le *climat*. Son influence s'accuse dans presque toutes les parties essentielles de l'édifice, dans la forme de la toiture, dans la dimension des jours, dans le caractère de l'ornementation. En Egypte, la pluie étant inconnue, la couverture est plate; en Grèce, des pluies rares déterminent des combles à pente faible; cette pente se relève à mesure qu'on remonte vers le nord. Le pignon aigu de nos contrées, le fronton grec avec ses rampants voisins de l'horizontale, ne sont point des motifs de fantaisie, des cadres ménagés à plaisir en vue de l'ornementation sculpturale; ces formes heureuses ont leur origine dans les nécessités que le climat imposait aux constructeurs; c'est là que l'artiste les a trouvées toutes faites. La dimension des baies qui éclairent les intérieurs varie sous la même influence. Les étroits lucernaires par où filtre le jour sous les voûtes de Khorsabad, les soupiraux ou les claires-voies des palais égyptiens, les péristyles qui rabattent la lumière en avant des chambres de la maison romaine, sont des arrangements imposés par le climat. Au moyen âge, quel contraste entre ces ouvertures espacées des habitations du midi de la France, et le fenestrage continu des habitations du Nord, entre les lunettes ou les minces lancettes des églises italiennes, et les immenses tapisseries qui occupent, dans nos cathédrales, tout l'intérieur des formerets. La recherche du jour a été le grand souci des architectes, pendant la période gothique. De la lumière, plus de lumière, voilà l'idée fixe qui les a arrachés aux traditions romaines et qui leur a dicté presque tout leur système de construction.

Comment l'ornementation serait-elle la même sous un jour rayonnant et intense, sous un jour diffus et voilé ? La qualité de la lumière, la faiblesse ou la force de l'ombre portée changent nécessairement les conditions de l'harmonie dans la couleur, de l'effet dans le relief ou dans l'*intagliato*. Les formes décoratives sont donc étroitement liées, dans toute architecture, à la nature du climat.

Ces formes dépendent non moins étroitement des matériaux dont l'artiste dispose. Le sol fournit-il des pierres résistantes, hautes d'assise et de longue portée? N'y trouve-t-on que de l'argile, du bitume et du gypse? Cela suffit pour qu'il naisse deux styles d'une physionomie tout opposée. Les formes puissantes de l'architecture de Memphis et de Thèbes, ne sont pas moins dues à la constitution géologique du pays qu'au génie national ; et l'idéal de l'art égyptien était déjà écrit dans les prodigieuses carrières de Silsilis, avant de l'être dans la littérature et les doctrines religieuses de la race. Les bas-fonds de la Babylonie, pauvres en matériaux solides, riches en terre à briques ; les marécages du Latium avec leurs tufs légers et leur pouzzolane, semblaient prédestiner leurs habitants à l'emploi de la voûte, des piédroits compacts, et de la décoration plaquée. La similitude de ces caractères, coïncidant avec l'identité des conditions minéralogiques, parmi les plus énormes différences de lieu, d'époque et de race, atteste l'influence décisive des matériaux sur les formes monumentales.

La mise en œuvre de ces matériaux, quels qu'ils soient, dépend de l'état de la science et des arts industriels. Une géométrie et une stéréotomie plus avancées, une mécanique plus savante, une machinerie mieux entendue, un outillage plus puissant rendent possibles des solutions plus directes, une façon plus franche d'aborder le problème; elles permettent d'achever des entreprises que des races ou des siècles moins bien pourvus auraient trouvées chimériques. Que de combinaisons ingénieuses et détournées auraient été épargnées aux architectes de l'époque romane, s'ils avaient connu le système des arcs ogives et de l'ossature indépendante! L'habile manutention du fer, la connaissance précise de la résistance des divers matériaux donnent à notre temps une liberté et une sûreté qui ne peuvent manquer de se traduire dans les formes des édifices. Toutefois nous verrons que, dans l'antiquité, cet ordre de causes n'a exercé qu'une médiocre influence. Avec des outils de bronze, les Egyptiens ont fait des *intagliati* dont nous ne saurions égaler la finesse avec notre acier le plus dur. Le même peuple, avec une machinerie d'une pauvreté extraordinaire, a su transporter, dresser, hisser à des hauteurs considérables d'énormes quartiers de grès et de granit. Des influences d'un autre ordre, dont la plus décisive est une consommation prodigue du temps et du travail de l'homme, ont suppléé dans ce pays à l'insuffisance des moyens mécaniques.

L'homme est en effet le plus élémentaire et le plus indispensable des outils. Aussi la valeur de son temps et de sa peine a-t-elle été, à toute époque, un fait considérable, dont l'influence s'accuse dans la conception, le plan, l'exécution de presque tous les grands édifices. On s'étonne moins des merveilles de patience et de soin qui distinguent les étoffes et les monuments de l'Hindoustan, quand on sait que la journée de travail y est de 10 centimes. Dans l'ancienne Egypte, il en coûtait 20 drachmes, (17 fr.) pour élever un enfant jusqu'à l'âge viril. On pouvait donc prodiguer à peu de frais le labeur de l'homme. Vous connaissez le mot de Gavarni : Mangeurs et mangés, voilà l'histoire ancienne ; trompeurs et trompés, voilà l'histoire moderne. Cela est aussi vrai que piquant. Toute l'antiquité a vécu de la servitude. Les grandes razzias orientales d'où l'on ramenait des peuples entiers de captifs, l'esclavage plus régulier du monde grec et romain, le servage et le vilenage des temps modernes jusqu'en 1789, peuvent seuls expliquer certains types monumentaux dont la masse prodigieuse ou la magnifique inutilité, surprennent un siècle plus soucieux de la liberté de l'homme. Si Chéops n'avait pas pu sacrifier 100,000 hommes tous les trois mois, il n'y aurait pas eu de grande pyramide. Qui s'aviserait aujourd'hui, même avec nos moyens mécaniques perfectionnés, d'entreprendre un second Versailles? En ce sens on peut dire que chaque progrès moral et social de l'humanité a tendu à rendre plus difficile la recherche des effets de grandeur et de masse. Pour moi, je n'ai jamais pu observer sans émotion l'humilité des édifices grecs comparés aux monstrueux palais et aux temples indéfinis de l'Orient; il me semblait y lire, à côté de l'exquise mesure d'un goût supérieur, un plus grand et touchant respect pour la vie et la liberté humaines.

VIII

Notre voyageur n'a vu jusqu'ici que le ciel, le paysage, une carrière, des machines, une fourmilière d'artisans enfouis dans leur tâche. Mais voici que la ville est prochaine; il commence à rencontrer des hommes, sa curiosité s'éveille; ces hommes sont le public pour lequel a travaillé l'artiste; il les interroge; il veut savoir les circonstances qui ont façonné leurs *sens*, formé et ordonné leur *esprit*.... De là un second ordre de causes, celui des causes intellectuelles.

Si l'on étudie l'état des *sens* chez les différents peuples et aux différentes époques, on reconnaît avec intérêt que leurs aptitudes et leurs exigences sont rarement les mêmes. Ici la *quantité d'attention* qu'ils peuvent fournir est considérable, ils s'épanouissent au sein d'une riche complexité; ailleurs cette complexité les lasse et les émousse. C'est ainsi que chez les Hindous, l'œil avide d'impressions répétées ne se trouve à l'aise que devant la profusion des ornements, tandis que chez les Grecs il réclame des divisions nettes et de fréquents repos. Le sentiment de la juste mesure n'est donc pas identique chez les deux peuples, et il y aura lieu de déterminer, pour eux et pour les autres, un étalon particulier du goût. L'âge de l'humanité auquel appartient une nation n'est pas non plus sans influence; l'enfant idéalise en couvrant sa poupée d'oripeaux, son édifice de badigeon; le vieillard dépouille sa statue jusqu'à la nudité, son temple jusqu'à une sorte de blancheur abstraite. J'expliquerais volontiers ainsi l'extrême tolérance des Grecs, des Normands, de tous les peuples primitifs pour une polychromie criarde. Cette bataille de couleurs, qui déconcerte nos yeux lassés, n'était pour leurs sens dispos qu'une fête joyeuse. Elle retient sur le bord toutes les forces diminuées de notre attention; elle faisait cortége à la leur, qui n'en pénétrait pas moins librement jusqu'au sanctuaire de la pensée de l'artiste, jusqu'à l'âme du monument.

Les sens ne dépendent pas seulement du tempérament de l'homme ; ils reçoivent une éducation ; ils contractent des habitudes qui deviennent à leur tour la source de goûts et de prédilections déterminés. La nature sensible environnante, contemplée chaque jour et à toute heure, leur fournit tout un vocabulaire de formes. Elle fait pénétrer jusque dans les profondeurs de l'instinct, un certain style général, un certain rhythme de lignes, une certaine harmonie de couleurs que l'œil cherche spontanément dans toute œuvre d'art nouvelle. Au fond ces caractères sont arbitraires ; mais ils ont le charme singulier du « déjà vu ; » ils sont pour les yeux ce que sont pour l'ouïe l'accent et les locutions de l'idiome natal...

Cette influence devra être notée et définie pour chaque architecture historique. Dans les pays où une végétation rare et humble laisse tout son relief à l'ossature terrestre et respecte le tranchant, la netteté de clivage des arêtes rocheuses, nous pourrons observer comment les édifices, même ceux qui sont imités de la construction en bois, gardent dans leur coupe générale un souvenir de la simplicité et de la régularité des formes cristallines. Dans les climats où un humus abondant, une végétation prodigue offrent perpétuellement à l'œil un fond riche et ondoyant, nous retrouverons l'influence du modèle végétal dans cette ornementation envahissante, dans ces profils compliqués qui imitent le libre tracé des lignes de la vie. C'est en ce sens et dans cette mesure que le gothique, sans être une imitation même éloignée « des forêts de la Germanie » doit pourtant quelque chose aux habitudes oculaires formées par les paysages opulents des pays septentrionaux. Il n'est pas jusqu'à des exemplaires naturels isolés qui ne puissent laisser leur empreinte sur le style monumental. D'après une théorie récente, c'est aux madrépores du golfe Persique, aux grottes à stalactites de la Médie et de l'Arménie, que seraient dues ces formes décoratives géométriques et cellulaires qui de l'art persan ont pénétré dans tout l'art arabe.

La nature de l'intelligence mérite une étude

non moins soigneuse, et par le mot « intelligence » j'entends ici, non les idées dominantes et dirigeantes d'un peuple ou d'une époque (cela appartient à l'ordre des causes morales et sociales), mais le tour d'esprit qui décide du classement, de l'enchaînement de ces idées et pour ainsi dire le *moule logique* qui les reçoit. Nous aurons à voir, par exemple, comment l'architecture asiatique se ressent de la faiblesse des aptitudes dialectiques chez les races orientales. Nous nous inclinerons devant ce syllogisme de marbre qu'on appelle le temple grec. Dans le monde européen, nous rencontrerons, suivant le temps, suivant les peuples, une prépondérance marquée de la méthode expérimentale ou de la méthode déductive. C'est ainsi qu'au moyen âge, une seule passion a possédé l'homme, celle de raisonner à outrance et sans terme, sans reprendre pied par intervalles dans une nouvelle étude de la réalité. N'est-ce pas là un des caractères les plus marqués de l'architecture gothique, si puissante dans sa conception initiale, si conséquente dans ses premières déductions, s'abandonnant bientôt à l'abus du raisonnement, à « l'ivresse de l'épure, » et mourant enfin du même mal que la scolastique, fille du même temps et du même esprit? Avec la Renaissance paraît une forme intellectuelle toute différente : on n'ouvre point un livre de cette époque, Ange Politien, Castiglione, Bembo, Rabelais, Montaigne, sans y découvrir à chaque page les goûts de l'antiquaire et du collectionneur, relevés par une admirable fraîcheur de sensation, par une prodigieuse verve de curiosité. Or ce qui caractérise l'esprit de l'antiquaire, c'est qu'il estime la trouvaille pour elle-même et non comme le fragment d'une conception d'ensemble, il ne s'inquiète pas de lui ménager une place dans un ordre raisonné ; il la pose dans un endroit bien éclairé de la galerie et en jouit sans plus d'effort. Qui ne voit que l'ornementation de la Renaissance, formée d'emprunts faits à l'antiquité et déposée sur les murs au gré d'une jeune et fraîche fantaisie qui se joue de la logique, porte la marque frappante de ce tour d'esprit si spécial. Au siècle de Louis XIV, tout, depuis la perruque jusqu'aux unités dramatiques, depuis le code de l'amour jusqu'à la taille des arbres, révèle ce génie aux allures sommaires, ennemi du détail, insensible à la nuance, uniquement soucieux de l'ordre extérieur et d'une sorte de beauté oratoire — qui a glacé de majesté et d'ennui la plupart des œuvres monumentales de cette époque.

IX

Notre voyageur ne se contente pas de sonder les conditions physiques et économiques, l'état des sens et de l'intelligence; il veut connaître les idées maîtresses, les mobiles dominants de l'époque. Quelles sont les croyances et les espérances religieuses? Comment la famille est-elle constituée? La société est-elle grossière ou raffinée, divisée par l'esprit de caste ou nivelée par des mœurs démocratiques? Quelle est la nature des gouvernements?... Voilà autant de questions qui gravitent autour d'un troisième ordre de causes, celui des conditions morales sociales et politiques.

Ces causes ont une vaste et profonde portée. Ce sont elles qui déterminent presque souverainement la naissance des grands types. Je vous ai fait voir, en Angleterre, l'activité politique d'une nouvelle classe, élevant le *club* sur les ruines de la taverne de Sheridan et de Burke. En Grèce, il y a un moment où la vie urbaine et civile succède à la vie patriarcale et dispersée du bourg rural, que menaient encore, au temps de Périclès, les Epirotes, les Locriens, les Etoliens, les Arcadiens, les Spartiates eux-mêmes. De ce seul fait vont naître un grand nombre de types nouveaux. « N'avoir point de ville, dit quelque part Pausanias, c'est n'avoir ni citadelle, ni gymnase, ni théâtre, ni agora, ni fontaine publique. » A Rome, un édifice original, l'amphithéâtre, signale l'avénement d'une démocratie vénale, oisive et turbulente. L'hôtel de ville flamand, avec son beffroi, correspond de même au développement de l'esprit municipal.

Ces causes ne posent pas seulement le germe du type ; elles en déterminent les formes fondamentales. Il n'y a pas une architecture où l'idée qui résume les croyances morales, l'idée du *souverain bien* n'ait laissé une profonde empreinte. En Egypte, un puissant et intime besoin d'immortalité possède l'homme; sa grande passion est de vaincre le temps, de marquer sa place dans la longue suite des générations. Aussi tous les édifices, temples, palais, tombeaux, sont-ils de véritables *musées commémoratifs*. Ce caractère envahit, recouvre, efface tous les autres. Que d'exemples se pressent sur mes lèvres! Vous avez vu, dans l'Inde, un symbolisme mystérieux clore le temple, multiplier les enceintes, enténébrer le sanctuaire autour de l'idole monstrueuse qui personnifie les forces d'une nature mal étudiée. En Grèce, une enceinte légère entourée d'une claire-voie de colonnes, percée d'une porte élevée, offrira familièrement aux regards le dieu héroïque, presque humain, dont l'histoire se mêle à l'histoire de la cité. Comment ne pas reconnaître l'esprit ombrageux, la susceptibilité dogmatique, les initiations multiples de la religion byzantine dans cet atrium, cet exonarthex, cet ésonarthex qui précèdent l'église, dans cet iconostase qui cache hermétiquement le sanctuaire ?

Le style monumental ne porte pas moins profondément la marque de l'idéal politique et des habitudes sociales. Dans tout l'Orient, il n'y a qu'un héros devant l'imagination populaire, c'est le *roi;* c'est en lui que se personnifie la vertu, la grandeur, la gloire de la nation. De là ces édifices destinés à un seul et qui portent cependant la marque puissante d'une inspiration collective. La pyramide ou l'hypogée n'est que le tombeau du *Pharaon;* le temple n'est que son oratoire, de même que le palais est sa demeure, et toutefois, dans ces trois types, on sent l'âme de toute une race. Au xii° siècle, la suppression du porche fermé et des chapelles, l'atténuation des transsepts, ne trahissent-elles pas le grand élan populaire qui, moins soucieux de créer un lieu de culte qu'un lieu d'assemblée municipale, retrouve pour ses cathédrales, à douze siècles de distance, les dispositions simples et larges de la basilique. Les rudes bossages des palais de Florence ne portent-ils pas comme l'empreinte des perpétuelles séditions à peine pacifiées par l'avénement des Médicis? Dans des temps plus rapprochés de nous, la suppression du droit d'aînesse n'a-t-elle pas fait disparaître ces belles habitations dont les vastes communs, la cuisine hospitalière, les grandes salles ornées de reliques domestiques, la chapelle avec sa loge seigneuriale, la galerie peuplée de portraits d'ancêtres semblaient le cadre naturel de la grande famille groupée autour d'un seul chef, attachée à ses traditions, sûre de son avenir, et exerçant un patronage hautain et grave sur une vaste clientèle? De nos jours la famille constituée par la loi de succession, c'est-à-dire ce groupe fragmentaire, chétif, instable, impropre par sa faiblesse aux grandes œuvres sociales, privé par sa dissolution périodique de la fière pensée que l'avenir lui appartient et des grands souvenirs qui faisaient son génie, condamné à ne trouver de force que dans l'association égalitaire où s'agrége cette poussière d'égoïsmes — ne se peint-il pas dans ces vastes maisons à cinq étages où l'isolement subsiste sous une vaine apparence de phalanstère, et où une richesse banale, un luxe improvisé rappellent à chaque instant à l'esprit que les belles choses sont l'œuvre du temps? Vous voyez par ces exemples sommaires, comment, à toutes les époques, chez tous les peuples, l'état moral, social et politique pourra jeter de vives lumières sur l'origine et le sens des formes monumentales.

X

Notre voyageur a sondé le public ; il interroge maintenant l'artiste. Il veut connaître, non plus les circonstances générales qui ont fourni au génie des inspirations sommaires, mais les formes spéciales et définies qu'il a empruntées à la tradition, à des styles exotiques, ou qui sont nées de l'évolution nécessaire d'un procédé pratique..... Ces questions nous indiquent un dernier ordre de causes, les causes *techniques*.

On est toujours fils de quelqu'un, dit Brid'oison. Toute architecture a derrière elle des architectures plus anciennes. Le style le plus original a des antécédents. C'est de là que le génie s'élance à la poursuite de beautés nouvelles, non sans retenir une grande partie du fonds antique. Aussi trouve-t-on dans tout style monumental certaines formes qui ne sont que le bagage du départ, le legs du passé, le jargon de l'école, et qui ne tiennent en aucune façon à l'inspiration propre de l'artiste. Aux instants où le génie sommeille, où l'invention vivante se ralentit, ces formes se présentent d'elles-mêmes et remplissent les lacunes. Qui ne les a remarquées, dans les œuvres littéraires les plus personnelles, étalant leur élégance un peu affadie à côté des moules nouveaux que la pensée a créés sur place et comme sécrétés de son propre fonds? Un style considérable, le style néo-latin, est le plus frappant exemple des effets que peut produire cette inévitable ingérence de la *tradition*. Nous devrons les noter dans toutes les architectures historiques et faire pour chacune en quelque sorte la séparation des patrimoines.

Un peuple ne vit pas, ne se développe pas isolément. Il est en contact avec des voisins. Par le commerce et la guerre, il communique même avec des nations éloignées. De là des emprunts plus ou moins importants, des imitations plus ou moins fidèles. L'architecture de la vallée de Cachemyr porte le reflet de l'art hellénique représenté par les petits royaumes —colonies de la Bactriane. D'après les inductions vraisemblables que M. Viollet-Leduc a fondées sur les dernières recherches de M. de Vogüé dans le Hauran, l'art gothique aurait dû beaucoup à l'art gréco-syrien. Dans les monuments de ce dernier style j'ai remarqué moi-même une suite d'ébauches et de tâtonnements d'où a pu sortir la coupole byzantine.

Enfin les procédés de construction, vous le voyez par cet exemple même, ne sont pas achevés d'un coup. Ils se développent en vertu d'une logique indépendante et engendrent une série graduée de formes que l'artiste accepte et ne choisit point. De là une troisième cause toute spéciale et technique : l'évolution naturelle des procédés de construction. Je ne puis vous en citer de meilleur exemple que ce principe *des arcs indépendants* qui, entrevu par les Romans, développé par les Gothiques, a trouvé sa forme extrême dans les voûtes ramifiées du xve siècle, avant qu'une logique plus minutieuse en fît sortir les voûtes en pavillon de trompette du style anglais.

Ainsi, Messieurs, sera achevée la première partie de notre tâche. Par l'étude des causes physiques et économiques, sensibles et intellectuelles, morales, sociales et politiques, techniques et positives, notre voyageur a parcouru tout le cercle des influences qui pressent, entraînent, séduisent ou violentent l'artiste; il tient le point d'attache des entraves qui maintiennent l'esprit créateur; il a reconnu isolément, sur l'édifice, l'empreinte de chacune de ces servitudes. Il est temps maintenant de changer de méthode, d'aborder face à face le monument lui-même, de remplacer les échappées partielles du sein de chaque cause par une franche vue d'ensemble, et là, oubliant l'art *aveugle* et *fatal*, d'étudier, au fond des effets qui nous frappent, les secrets et les combinaisons de l'art *libre et raisonné*. Dans cette nouvelle recherche, une division essentielle met l'ordre et le jour parmi des questions multiples; c'est celle qui distingue trois genres de beautés : la beauté *sensible*, la beauté *organique* et la beauté *expressive*.

XI

Voici devant nous un corps vivant, une statue, une figure peinte. L'esprit est distrait, le regard flottant : nous n'apercevons d'abord qu'une masse figurée et colorée qui se découpe sur l'horizon ; ce n'est pas un homme, une physionomie qui s'offre à notre curiosité; c'est un mélange de couleurs, un entre-croisement de lignes qui frappe nos sens. A ce degré, nous distinguons déjà certains traits qui nous plaisent, d'autres traits qui nous choquent; nous aimons la nuance de ces cheveux, ce teint mat et uni ; l'ovale renflé de ce visage nous cause une impression pénible ; cette coiffure à boucles folles, ce jet simple d'une draperie, ce jeu sobre de lumière et d'ombre dans les plis rares de l'étoffe attirent et retiennent nos regards. Le propre de ces impressions est qu'elles ne pénètrent pas au delà des sens, et n'apportent rien à l'esprit. Leur vertu ne vient point d'une idée qu'elles expriment et que le spectateur démêle sous la forme. Si elles nous plaisent, c'est à cause des lois naturelles de la vision, des habitudes contractées par nos yeux, de la puissance nerveuse qui détermine les exigences de nos sens et les limites de notre attention, des besoins les plus généraux de la sensibilité humaine. Ce sont, en un mot, de pures sensations ; on peut souvent découvrir d'où elles viennent, pourquoi elles nous charment, mais non ce qu'elles veulent dire : elle ont une origine parfois saisissable, une loi définie ; elles n'ont point de *signification;* ce sont en quelque sorte des beautés muettes.

Un monument développe de même tout un ordre d'impressions dont le charme purement sensuel ne peut s'expliquer que par les lois de l'organisation physique. Ces deux teintes rapprochées nous plaisent : c'est que ce rapprochement est conforme à la loi des couleurs complémentaires; ces profils nous agréent : c'est qu'ils nous rappellent ceux des paysages qui ont fait l'éducation de nos yeux; cette arabesque nous fatigue : c'est que sa complexité dépasse la quantité d'attention dont nous sommes capables; ce dessin donne une impression pleine, riche, savoureuse : c'est que ces lignes sortent peut-être du même procédé géométrique générateur et que par là elles ont entre elles un air de famille qui épargne à nos yeux, sans détriment pour la richesse et la variété du spectacle, toute brusque transition. Nulle part, dans ces exemples, vous ne voyez qu'une idée ou un sentiment soit le principe de la puissance qu'exercent les formes. La nature primitive ou façonnée de nos sens fait seule leur vertu.

Tel est le premier ordre des effets que nous rechercherons dans toute architecture. Il y a des études d'un intérêt plus élevé; il n'y en a point de plus variée et de plus riche, car l'optique naturelle, l'habitude, la fantaisie, les exigences et les tolérances de la sensibilité, les goûts alternatifs et contraires qui entraînent l'homme vers le nouveau ou l'attachent au déjà vu, mille causes enfin concourent à cette œuvre composite dont le seul lien est un caractère négatif, celui d'être inexpressive. C'est dans les ornements, les profils et les arrangements que la beauté sensible a son siége principal, quoique ces traits puissent aussi servir d'organes à des beautés d'un autre ordre. Nous serons amenés naturellement à dresser la liste des ornements en usage à chaque époque ; ici les palmettes, le lis marin, les feuilles d'eau, là les billettes, les bâtons brisés, les tresses ; nous noterons les appareils si variés des Romains, leurs dallages multicolores ; nous verrons avec intérêt l'apparition de la contre-courbe annoncer la dernière évolution du style gothique. L'arabesque candélabre de la Renaissance française, l'arabesque géométrique et cellulaire des Sarrasins, le linge mouillé et tortillé autour d'un ovoïde ou les paraphes de maître d'écriture du style jésuitique espagnol seront signalés tour à tour et classés à leur rang dans l'histoire de la fantaisie décorative. Le plus souvent nous ne pourrons que décrire; quelquefois nous pourrons remonter jusqu'à la cause du charme qui s'attache à certains ornements. C'est ainsi que nous goûterons cette alternance simple et puissante, ce trille de mollesse et de rigidité qui résonne dans les oves et fers de lance.

L'histoire comparée des *profils* ne sera pas moins féconde en enseignements ; nous noterons le contraste des bases de l'Asie Mineure et de leurs nombreuses et minces moulures avec les deux tores et le cavet de la simple et sobre base attique. Nous verrons les profils des corniches grecques et romaines se contracter entre les mains des artistes du moyen âge et ne garder que la moulure accentuée, comme le fait la langue elle-même, où, des nombreuses syllabes du mot latin, ne subsiste que la syllabe tonique. Une étude plus délicate sera celle des arrangements. Nous analyserons par exemple les artifices qui font passer l'œil sans heurt de la colonne dorique verticale et cylindrique à l'architrave horizontale et rectangulaire. De même si l'artiste, par une convexité imperceptible, mais non insensible, imprimée à son entablement, imite ou rappelle la courbe lente de cette mer qu'on aperçoit de partout en Grèce, nous admirerons l'artifice délicat qui agrandit le monument en le rattachant pour l'œil à une vaste et puissante harmonie naturelle. Si nous voyons un pilastre appliqué au mur de fond d'une colonnade, une frise d'un très-bas relief disposée en retraite et à l'ombre d'une frise en ronde bosse, nous distinguerons, au sein de notre impression même, le plaisir particulier qui accompagne des répétitions transposées et atténuées, et dont la fugue, en musique, nous donne l'exemple le plus précis et le plus saisissable.

Par toutes ces observations et leurs pareilles, nous aurons saisi le premier ordre de beautés tout extérieures par lesquelles l'artiste surprend les sens, prévient le jugement de l'esprit, ouvre la voie aux beautés supérieures qui vont paraître à leur tour. Ce n'est pas le chant lui-même, c'est l'harmonie un peu sourde qui prépare l'oreille, la fioriture légère qui la caresse, sans voiler la mélodie qui va s'emparer maintenant de l'esprit et du cœur.

XII

Ce corps d'homme, que nous contemplions tout à l'heure, n'est pas seulement une surface où se joue la lumière, c'est un solide dont les profondeurs recèlent des arrangements déterminés. Ce n'est pas seulement un ensemble de parties inertes juxtaposées ; c'est un système d'appareils actifs dont chacun remplit un rôle ; c'est *une organisation*. De là, tout un genre de traits sensibles dont le propre est de manifester les organes ou d'accuser les fonctions intérieures. Ce vigoureux relief nodal indique une articulation ; cet arc ramassé révèle un muscle ; il rappelle des idées de tension et d'élasticité ; ces riches teintes pourprées, ces blancheurs, ces réseaux d'un bleu nacré, permettent de suivre de l'œil tout le dessin de la circulation. Il semble que ce soit un mécanisme qui sort de son étui et qui montre ses rouages. Un double plaisir accompagne cette découverte; premièrement, celui de comprendre un arrangement obscur, de distinguer les appareils, de distribuer le travail, de se sentir maître, par la puissance de l'esprit, d'un ensemble complexe; secondement, celui d'aboutir par cette analyse à la vive et claire conception de qualités utiles, bienfaisantes, désirables, comme la santé, l'énergie, l'aisance et la rapidité de l'action. Aussi lorsque une masse de tissu cellulaire recouvre ces saillies, voile ces articulations, enveloppe ces muscles de sa ouate uniforme, le plaisir disparaît, et je ne sais quoi de pénible se mêle à notre impression. D'abord, nous ne comprenons plus; l'esprit n'a plus la joie de pénétrer et de posséder; il est incertain, flottant, tenu à distance. En outre, la solidité, la souplesse, la résistance assurée, cessent de nous apparaître et d'exciter l'intérêt qui s'attache à ces attributs sympathiques de la vie.

Dans le même sens, il est vrai de dire que le monument n'est pas seulement un entassement de matériaux. Si simple qu'il soit, il représente un ensemble de services agencés ; si immobile qu'il paraisse, il renferme un système de forces en équilibre; chaque partie de la construction figure une action balancée, un mouvement contenu. De là, tout un ordre de formes qui révèlent par les dehors l'organisation intérieure, en marquant la place et la fonction des *organes*. Cette spirale de pierres chevauchées autour de cette tourelle est comme le reflet extérieur de l'escalier qui s'y dévide. Cet arc extradossé avec ses joints visibles explique de lui-même le jeu des forces qui résistent à la pression. Ces refends et ces bossages accusent l'assiette de cette muraille ; ces cannelures verticales donnent l'impression de la tension et de la rigidité. En lisant, dans ces traits, la structure intérieure de l'édifice, nous éprouvons d'abord le plaisir tout intellectuel de débrouiller une chose complexe, de pénétrer une chose cachée. Nous goûtons en outre, quand l'édifice est réussi, soit les espérances de commodité et de bien-être que suggère la parfaite appropriation de l'ensemble et de chaque partie à leur destination, soit les images de force, de résistance et de durée qui se dégagent des accents imprimés aux membres solides de la construction. Si, au contraire, l'élévation ne nous dit rien de la distribution intérieure, si elle n'explique point le jeu des forces et en quelque sorte la vie *dynamique* de l'édifice, si même elle contredit ces indications nécessaires par des accents en sens opposé ; l'esprit s'ennuie ou se trouble, et il ne faut pas moins que les plus heureux caprices de la beauté sensible, que toutes les puissances de l'expression morale pour l'empêcher de regretter les images de ce fonds substantiel et sain que je ne puis mieux désigner que par le nom de *beauté organique*.

Tel est, Messieurs, le second ordre d'effets que nous étudierons dans chaque architecture. Tâche considérable ; car toutes les parties du monument qui ont une fonction spéciale, bases, murs, planchers, fenêtres, colonnes, couronnement peuvent recevoir des accents de beauté organique ; et toutes les formes possibles, grain des matériaux, genre d'appareil, moulures, saillies, décrochements, retraits successifs, peuvent devenir des moyens de traduction entre les mains de l'artiste. Nous admirerons, par exemple, dans l'*echinus* dorique, ce geste aisé, rapide, efficace, que semble faire la colonne pour soutenir l'architrave. Nous goûterons la beauté saine de ce contre-fort gothique à étages qui accuse sa fonction de résistance latérale par sa forte assiette allongée, par ses élans vigoureux et scandés. Nous sentirons l'insignifiance organique de ce contre-fort roman, pilastre ou colonnette, dont le jet vertical et grêle fait l'effet d'un simple placage, d'un trait purement décoratif. Nous verrons avec intérêt la forme ramassée du chapiteau byzantin, point d'appui d'une archivolte, succéder à la forme évasée du chapiteau romain, point d'appui d'un linteau. La colonne égyptienne, si intéressante à d'autres titres, nous offrira le plus curieux assemblage de contre-sens mécaniques qui se puisse imaginer.

Un des sujets les plus curieux de notre étude sera ce que, d'après une analogie qui se présente d'elle-même, j'appellerai la *spécialisation des organes*. C'est ainsi que, dans le temple grec, nous verrons l'arrachement du mur cellaire, d'abord confondu par son apparence avec ce mur même, emprunter un accusatif au péristyle sous la forme d'une colonne appliquée, jusqu'à ce qu'il trouve son accusatif propre et *spécial* dans le pilastre d'ante. Toutes ces remarques nous feront entrer d'un degré plus avant dans le secret de l'œuvre d'art. La beauté *sensible* nous avait laissés à l'épiderme, nous voici dans les profondeurs du corps. Nous n'avions éprouvé et défini qu'un attrait purement sensuel : nous découvrirons le charme essentiellement intelligible d'un système dont toutes les parties vont au but, et à un but positif, utile, désirable. Dans ce corps d'abord effleuré, puis pénétré, à côté de ces causes et de ces images de biens purement matériels, il nous reste, maintenant, à trouver l'âme, à saisir la beauté supérieure et désintéressée de l'expression morale.

XIII

A côté des beautés purement sensuelles et des beautés organiques, l'analyse distingue en effet d'autres éléments dont le propre est d'exprimer un attribut ou de réveiller une émotion de l'ordre moral. Cet œil d'un bleu uni et clair semble le miroir d'une âme tendre; cet œil d'un bleu dur, pailleté d'acier, annonce une volonté froide. Le ton mineur est plaintif; un rhythme rapide à trois temps, berce dans le cœur une gaieté légère, une mélancolie sans âpreté. Une maison chinoise, avec son toit relevé aux angles, a l'air de rire jusqu'aux oreilles. Une charmille taillée du temps de Louis XIV roidit tout ce que le spectateur a en lui de solennel. La colonne ionique appelle des idées d'élégance et de volupté: la colonne dorique maintient l'âme dans l'attitude de la méditation sévère; elle appartient naturellement aux temples où siégent les passions nobles et les mâles vertus.

Ce ne sont encore là que les caractères dispersés d'un abécédaire, que les mots isolés d'un idiome. C'est la matière première de l'œuvre d'art, non l'œuvre d'art elle-même. La tâche de l'artiste commence au-dessus de ces synthèses partielles. Elle commence lorsque, prenant des mains de la nature cette beauté expressive élémentaire, il l'élève à la forme supérieure de la beauté typique. Dans cette évolution, le fond, les moyens, l'effet changent à la fois. *Le fond* n'est plus une seule qualité morale, une impression simple, c'est un type, c'est-à-dire un de ces vastes ensembles de qualités ou d'impressions qu'unissent entre elles un concert traditionnel, un arrangement habituel et stable, une logique délicate et profonde. La *forme* n'est plus un élément sensible simple, ou peu complexe, mais un groupe d'éléments de tout ordre que l'artiste masse, distribue, oppose, marie en vue de l'effet qu'il veut atteindre. *L'effet* n'est plus seulement distinct et juste; on le veut puissant par sa richesse et son unité; on le fait riche par la variété, un par l'harmonie.

Dans cette *Madonna alla Seggiola*, par exemple, l'esprit ne reçoit pas seulement l'impression dépouillée et pour ainsi dire abstraite de la virginité. Dans cet œil profond, languit ce je ne sais quoi de tendre, de passionné et de pudique que Raphaël empruntait alors aux grandes dames de Rome, tandis que cette inclinaison de la tête sur l'enfant divin, ce regard de côté vers le spectateur semblent chanter l'hymne de la maternité orgueilleuse et jalouse. Dans cette figure de *reître* du XVIe siècle, la barbe grise, la lèvre charnue et mobile, le teint hâlé, le front bas d'un ton plus clair, ces grains rouges sur le nez et aux pommettes, cette étoile de rides au coin d'un œil d'un bleu mat, ces sourcils en panache, tout représente avec une vivacité extraordinaire la trame de cette vie et le dessin de ce caractère; chevauchées sous le casque et au soleil, soûleries au cabaret, récits vantards, rires bruyants, pensées banales et courtes, le jugement rapide sur le champ de bataille, une certaine bonhomie germanique mêlée à la férocité froide et aux instincts pillards... Qui ne connaît la sérénade de Mozart : les notes bien fondues, suaves, du chant de séduction, tandis que, plus bas, le grésillement allègre et léger de la guitare

> Tourne en dérision la chanson elle-même,
> Et semble la railler d'aller si tristement.

N'est-ce pas là ce mélange profondément humain, qui fait le cœur de don Juan à la fois perfide et sincère, tendre et moqueur, naïf et roué? Il en est de même dans l'art monumental, si ce n'est que ce ne sont plus des qualités morales, mais des impressions que l'artiste groupe et accorde dans une émotion d'ensemble. Vous parlerai-je une seconde fois d'Oxford? Je ne saurais oublier la beauté harmonieuse, pénétrante, invincible qui m'accabla, lorsque j'entrai pour la première fois dans ces simples bibliothèques de collége. Les murs pleins qui tiennent éloignés les bruits du dehors, le haut clerestory qui ne laisse arriver que la lumière égale du zénith, semblaient promettre le silence, le recueillement, l'oubli du temps présent, la fuite insensible des heures ; et cependant, la forme gothique du vaisseau, la gravité des teintes dont s'assombrissaient les lambris de vieux chêne, les écussons de fondateurs et de donateurs contemporains des Tudors et des Plantagenets, formaient comme un cortége de sensations consonnantes qui faisaient planer une sorte d'émotion religieuse sur le sentiment de la solidarité héréditaire, mettaient l'imagination sur le ton d'une familiarité filiale avec les vieux souvenirs, et faisaient passer en moi quelque chose de l'âme d'un Casaubon.

Par l'intérêt et l'ampleur du fond, par la riche complexité de la forme, les types sont le but le plus élevé de l'art; ils en sont aussi le plus délicat problème. Il ne suffit pas en effet de juxtaposer autant de traits expressifs qu'il y a d'attributs ou d'impressions à rendre. Presque toujours l'un de ces attributs est dominant; ces impressions ont des valeurs graduées; cette hiérarchie doit se retrouver dans l'œuvre d'art. Parfois, deux accents rapprochés s'annulent, comme il arrive pour les vibrations lumineuses dans les interférences. L'artiste devra les espacer. D'une manière plus générale, un trop grand nombre de notes produit la confusion et l'insignifiance ; un trop petit nombre n'a point d'effet et nous laisse froids. L'artiste devra mesurer le nombre des caractères expressifs à la nature du sujet, à la puissance d'attention de son public, à la puissance de fusion qu'il se sent à lui-même sur sa matière multiple. Il devra, suivant les cas, faire répéter le même chant par plusieurs échos faibles, ou l'isoler dans une simple et puissante sonorité, conduire l'esprit par une transition insensible entre deux formes dont le sens s'enchaîne, ou au contraire le préparer au changement par un repos ou une lacune, comme lorsqu'on va à la ligne au début d'un nouvel ordre d'idées. Il devra atténuer volontairement un caractère afin de laisser au caractère voisin, plus essentiel, tout son relief, toute sa prise sur l'attention du spectateur, ou tout au contraire, égaliser les valeurs de façon à produire une impression plus pénétrante que frappante. Et ce n'est que par un ménagement habile et souverain de ces éléments si variés, qu'il conservera l'ampleur, l'énergie, la pureté savoureuse de l'émotion typique...

Tel est, Messieurs, le dernier genre d'effets et de moyens que nous étudierons dans toute architecture historique. En présence de chaque type monumental, nous demanderons premièrement à notre impression d'ensemble, éclairée par l'histoire, quel type moral l'artiste s'est proposé de représenter. Une vue du Parthénon, par exemple, nous révélera tout d'abord un culte sans mystère, une imagination anecdotique, un vaste sentiment national où se fond et disparaît presque le sentiment de la divinité. Nous sentirons en un coup d'œil un édifice familièrement ouvert aux regards, plutôt politique que religieux, disposé pour servir de centre à des solennités populaires, nullement pour offrir un asile à la prière individuelle. Passant de là aux moyens employés par l'artiste, nous observerons les grands partis qui ont imprimé tant de relief à ces caractères typiques. Nous comprendrons cette conception fondamentale qui fait du temple un étui pour l'idole, une sorte de reliquaire à double enveloppe, dont la plus intérieure, la cella, ne s'ouvre que pour offrir aux regards, dans des flots de lumière hypèthrale, la déesse d'or et d'ivoire, tandis que l'autre, la colonnade, entoure sans la cacher, accompagne magnifiquement de son solennel cortége, cette espèce d'exposition du Saint-Sacrement. Nous admirerons plus encore la pensée qui divise en deux le monument sans en rompre l'unité, et au-dessus de la demi-ombre du sanctuaire religieux où se tient la grande Divinité protectrice, élève dans toute la splendeur du jour le temple politique ; agite sur les métopes, apaise dans les grands frontons les glorieuses légendes de la cité, et par le nombre des statues, l'énergie des reliefs, l'éclat des couleurs, par la hauteur dominante de ce prodigieux épanouissement sculptural, produit comme un superbe chant d'orgueil qui va raconter jusqu'au vaisseau passant à Salamine les exploits et la grandeur d'Athènes. Enfin, descendant plus avant dans les détails, nous rechercherons comment l'artiste a fait concourir à ces effets principaux tous les effets secondaires. Nous le verrons, je suppose, entraînant l'œil vers les hauteurs par les cannelures verticales, supprimer la base de la colonne, conserver avec plus de soin qu'un ornement la courbe lisse de son *echinus*, afin que rien n'arrête cette sorte d'aspiration du regard vers les parties riches de sens, vers ce couronnement qui est comme le centre de gravité de l'édifice. Nous admirerons le lieu de repos et de recueillement qu'il fournit à l'attention dans le blanc de l'architrave, avant qu'elle s'engage dans les sensations multiples qui l'attendent un peu au delà. Nous goûterons les formes discrètes, l'effacement idéal de la frise cellaire s'opposant au relief vivant et poignant de la frise héroïque. Nous aurons ainsi parcouru tout le champ de la beauté *typique*, depuis les données qui posent le problème, jusqu'aux plus humbles moyens qui concourent à la solution. Sans doute, nous rencontrerons plus d'une fois les limites de l'analyse. La synthèse ardente du génie créateur a des puissances aveugles, de secrètes évolutions plastiques que la critique la plus attentive ne saurait pénétrer. Nous saisirons du moins le plan d'ensemble, la méthode générale, les grands partis pris, quelques artifices de détail plus accessibles, et cela seul est déjà un travail considérable et fructueux. Il restera le je ne sais quoi, la dernière touche, la grâce suprême... On ne dissèque pas l'aile du papillon.

XIV

Ce n'est point assez d'étudier isolément, dans toute architecture, chacune des trois beautés fondamentales. Il faut encore savoir dans quelle proportion l'artiste les a employées, s'il en est qu'il n'a point goûtées ou comprises, si parfois il n'a pas tout emprunté à l'une d'elles, laissant les autres à l'écart. C'est ainsi que dans tout l'Orient nous verrons dominer, à l'entière exclusion de la beauté organique et non sans quelque détriment apporté à la beauté sensible, cette forme inférieure de la beauté expressive qu'on appelle le *symbolisme*. L'architecture de la Renaissance, dans un prodigieux épanouissement de beauté sensible, négligera les accents expressifs, masquera ou fera gauchir les traits organiques. Les Grecs et les Gothiques, sans nuire à l'effet idéal de leurs monuments, ont également fait une large part à la beauté organique. Semblables aux grands peintres du xvie siècle qui inscrivaient, même sur une figure de vierge, les signes de la force et de la santé, et greffaient, sur une tige pleine de forte sève, la fleur non moins pure, non moins délicate de l'expression morale — ils ont ménagé derrière les accents expressifs un fond substantiel, attachant, une sorte de basse solide et continue qui soutient richement les intermittences de l'émotion typique. Il n'y aura pas moins d'intérêt à noter dans un même édifice, les rapports que soutiennent entre elles les beautés fondamentales, les compromis par lesquels l'artiste les sacrifie l'une à l'autre, les traits heureux qui les servent également toutes les trois. C'est ainsi que les cannelures de la colonne grecque concourent également à la beauté sensible par leurs riches jeux de lumière, à la beauté organique par leur apparence de rigidité, à la beauté expressive par leur vertu d'entraînement et d'aspiration vers les hauteurs. C'est par un sacrifice fait à cette même loi d'entraînement que s'explique, vous l'avez vu, la suppression de la base, ce parti si anti-organique, si pénible pour l'œil qui ne considère pas l'*ensemble*.

Telles sont, en résumé, les trois beautés qui serviront de cadre et de fond à trois séries de questions distinctes. La beauté sensible est comme une peinture légère, la beauté organique comme une sculpture étudiée, la beauté expressive comme une musique émue. Celle-ci est la voix du monument, l'écho de l'âme qui l'habite. Placées pour ainsi dire sur trois plans successifs, les trois beautés figurent exactement les ordres gradués de mérite qui composent l'art d'écrire. La première représente la pureté de la langue, le rhythme naturel, les locutions choisies, les idiotismes classiques. La seconde représente l'économie logique de la phrase, l'agencement périodique, la distribution claire et l'enchaînement des propositions. La troisième représente le style, c'est-à-dire cet attribut supérieur par lequel l'esprit, s'élevant au-dessus de ces conditions générales de tout langage, approprie spécialement chaque phrase à la pensée qu'il faut rendre, à l'émotion qu'il faut traduire, et fait de la *forme* comme un vêtement souple et collant où se moulent les plus fins contours du fond, ses plus délicats reliefs. A elles trois, ces catégories renferment l'art tout entier; elles épuisent tout ce qu'il y a intérêt à connaître dans un style monumental; j'ose croire, qu'après les avoir étudiées dans leurs profondeurs, nous aurons de chaque architecture historique une conception lumineuse, ordonnée, complète.

XV

Ici se terminent les considérations préliminaires. Comme je l'avais annoncé, je vous ai indiqué l'esprit, le plan, la méthode de l'enseignement qui va suivre. Je n'ignore pas l'inconvénient qu'il y a à se lier les mains, à s'enchaîner dans un ordre déterminé d'avance. La tâche eût été plus facile, et les résultats peut-être plus goûtés, si je m'étais réservé de régler l'ordonnance de chaque sujet d'après le nombre des documents connus, selon ma façon personnelle de sentir et en vue d'une exposition spécieuse et oratoire. J'aurais évité bien des *desiderata*, bien des vides pénibles à l'œil dans les cases nombreuses d'une classification qui embrasse tant de sujets divers. Je crois toutefois que cet ordre général et invariable a de grands avantages. On dit quelquefois qu'avec de bons cadres, on a aisément une bonne armée. De même, les fruits d'un enseignement dépendent moins de la quantité de faits qu'il comprend que des divisions qui classent ces faits dans le souvenir, facilitent les comparaisons, suggèrent les analogies, préparent à chaque acquisition nouvelle la place où elle sera le plus féconde, en un mot multiplient les conclusions et les idées. Les idées, voilà en effet le dernier objet de toute étude, et les faits n'ont d'autre mérite que d'y conduire l'esprit. C'est dans cette pensée que je vous demande d'accepter la méthode que j'ai choisie, de vous intéresser même aux questions que je ne ferai que poser sans les résoudre, de pardonner des lacunes à une classification qui ne les éviterait qu'en resserrant son enceinte, et d'y puiser surtout les éléments de ce travail personnel auquel l'enseignement bien entendu doit, non pas suppléer, mais donner essor, direction et lumière.

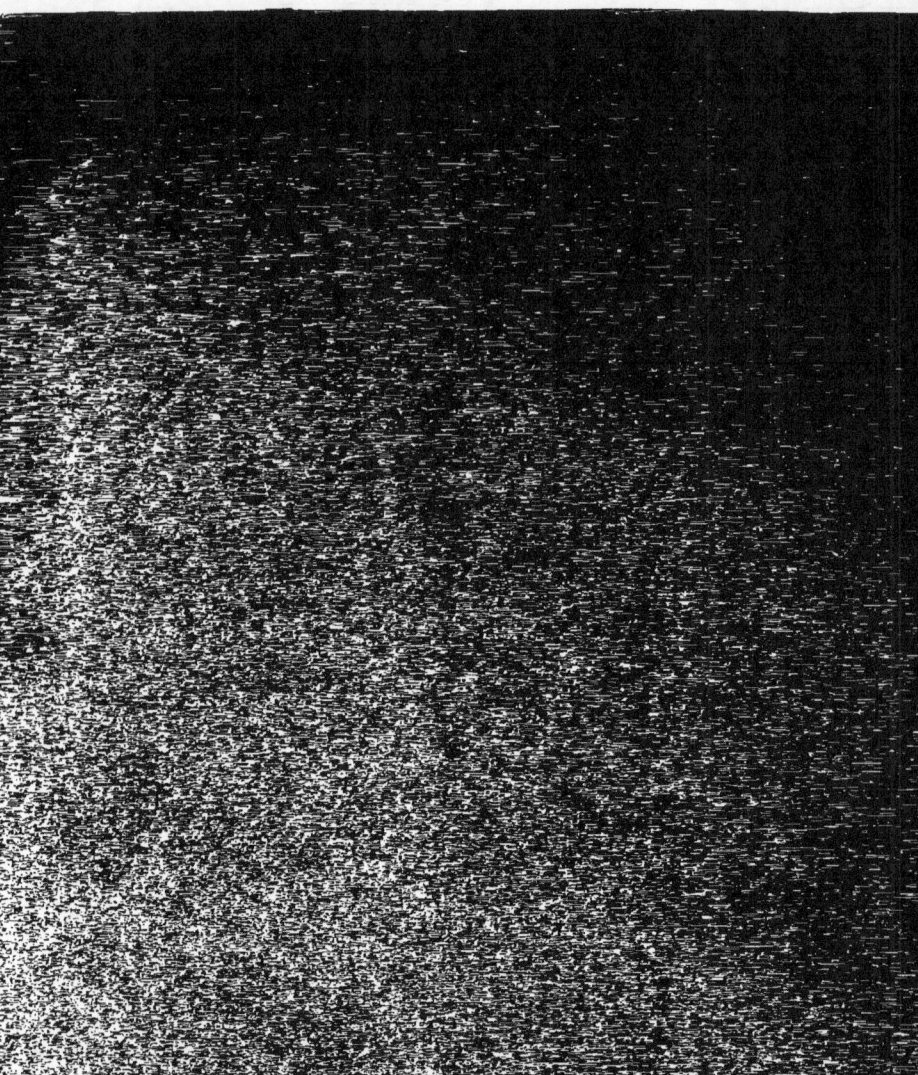

www.ingramcontent.com/pod-product-compliance
Lightning Source LLC
LaVergne TN
LVHW050627090426
835512LV00007B/713